Andreas Röckener & Christa Zeuch

Träume fangen

Was Klein und Groß bewegt
in Reimen und Bildern

Edition Gegenwind

Andreas Röckener

hatte die Idee zu diesem kleinen Buch, das zeigt,
wie es in uns aussehen kann, wenn der Tag lang ist.
Sofort hat er mit den Bildern angefangen und lässt uns
als Tiergeschöpfe in die unterschiedlichsten Gefühle
eintauchen. Vielleicht erkennt ihr euch manchmal
wieder?
Andreas ist ein bekannter Zeichner aus Schleswig-
Holstein, der bereits einen ganzen Berg Bücher für
Kinder illustriert hat. Ihr findet ihn in diesem Buch
irgendwo schwerelos schwebend …

Christa Zeuch

hat schon öfter gern mit Andreas zusammengearbeitet.
Begeistert hat sie sich die Reime und Gedichte zu seinen
originellen, Farben sprühenden Bildern ausgedacht. Bei
manchen war es auch umgekehrt, und ihre Gedichte
waren zuerst da.
Christa lebt ebenfalls in Schleswig-Holstein und ist seit
40 Jahren Kinder- und Jugendbuchautorin. Sie hat außer
vielen Büchern mit Geschichten unzählige Gedichte und
Lieder veröffentlicht. Auf einer der Buchseiten denkt sie
sich gerade ganz entspannt neue Reime aus …

Andreas Röckener & Christa Zeuch

Träume fangen

Was Klein und Groß bewegt
in Reimen und Bildern

Edition Gegenwind

Bibliographische Information der Deutschen Bibliothek:
Die Deutsche Bibliothek verzeichnet diese Publikation
in der Deutschen Nationalbibliographie; detaillierte Daten sind im Internet unter
http://dnb.ddb.de abrufbar.

Originalausgabe der Edition Gegenwind 2024
Titelbild, Illustrationen: © Andreas Röckener
Texte, Gedichte: © Christa Zeuch
Covergestaltung und Gesamtlayout: Fabian Zeuch
Herstellung und Verlag: BoD – Books on Demand,
Norderstedt. Ganze oder teilweise Wiedergabe des
urheberrechtlich geschützten Werks in Bild und/oder
Wort nur mit Zustimmung der Verfasser.

ISBN 978-3-7597-58521

Inhalt

Traumfänger

Wenn du Langeweile hast
oder einmal traurig bist,
hast grad deinen Bus verpasst
und du grummelst: So ein Mist! –

wenn dir nichts gelingen will
und du kriegst mal große Wut,
weiß ich etwas, das geht still:
Träume fangen. Das tut gut!

Guck, ein nettes Wolkenvölkchen
füllt mit Träumen kleine Wölkchen.
Spiel ein bisschen Wolkenhäscher
mit dem langen Wolkenkescher!

Du bist ich und ich bin du

Komm, wir tauschen unsre Sachen!
Gibst du mir mal deine Schuh?
Was wir auch zusammen machen:
Du bist ich und ich bin du!

Ich freu mich wie verrückt

Heut ist mir was geglückt,
ich freu mich wie verrückt:
Ich konnte hundert Fliegen
kriegen!

Mein bester Freund, der Lurch,
hat Pech so durch und durch.
Der fing bloß zwei indessen
zum Fressen.

Dann konnte ich auch gleich
beim Quakturnier am Teich
den Sieg im Schnarr-Wettsingen
erringen.

Mein bester Freund, der Lurch,
fiel glatt beim Singen durch.
Der kann nur heiser hauchen
und fauchen.

Ich hab an einem Stück
seit Wochen nichts als Glück!
Und weil ich sooo viel hab,
kriegt Lurch die Hälfte ab.

GLÜCK

Affenstark

Dieser Affe namens King
stemmt ein megaschweres Ding.
Und der kriegt es ungelogen
ohne Mühe krumm gebogen!

Bei so schwergewicht'gen Sachen
kann der Kerl noch locker lachen.
Grinst: Seht her, wie stark ich bin,
wow, das kriegt sonst keiner hin!

Doch die Schnecke lacht ihn aus:
Ich! Ich trag ein ganzes Haus.
Bin viel stärker noch als du,
was sagste nu?

Neugiergans

Hach!
Die rätselhafte Truhe
lässt mir einfach keine Ruhe.
Auf dem Speicher ist ihr Platz.
Drinnen ein Piratenschatz?

Was passt rein ins Schlüsselloch –
Schlüssel? Dietrich?
Weder noch.
Fummeln mit dem Taschenmesser
hilft da auch kein bisschen besser.

Tut's vielleicht ein Zauberspruch?
Zwecklos ohne Zauberbuch.
So, jetzt knack ich's mit dem Hammer.
Schritte … ?
Mist, da kommt die Mama.

Wuuut ggggrrrr!

Leo ist ein übler, frecher
Fressenklauer, ein Verbrecher!
Hat mir alles weggefressen,
nicht den kleinsten Rest vergessen.

Leute, diesen fiesen Ochsen
könnte ich zu Boden boxen!
Treten, hauen, jagen, beißen!
Brüllend in der Luft zerreißen!

Grrrrrr!!! Ich fletsche meine Zähne,
schüttle mich mitsamt der Mähne - -

pffffffffffffffffffff !!!!!!!

… da fliegt sie weg, die Wut.
Nu is gut.

Mir ist so albrig heut

Schnubbel di blupsi
knubbel di knupsi
schnibber di bibber
di schnabbeli bu

pantoffel di slipper
kartoffel di pipper
so flapsig klababsig
schlababbel di schuh

schnickel di schnacks
schnibber di knacks
pudding klabumm
plumm

Schwerelos schweben

Wenn es allzu spannend wird,
musst du dich entspannen.
Dafür gibt es Hängematten
oder Badewannen.

Ich mag meine Lieblingsdecke,
Tasse gleich daneben.
Liebe es, in Träumereien
schwerelos zu schweben.

Fühl mich watteluftig leicht
wie ein Wolkennashorn.
Ausgeruht trägt sich viel besser
schweres Horn auf Nas vorn.

Trauriger Seufzer

Spätzchen war dem Hasen lieb.
Jeden Morgen
grüßte es mit frischem Piep,
ohne Sorgen.

Schlich heran die schwarze Katz,
hat's gefressen.
Schnabel, Federkleid vom Spatz
hat's vergessen.

Hase pflanzt aufs Spatzengrab
rote Möhren.
Hasenkinder fressen's ab.
Freche Gören!

Piep

Heimweh

Himmel, Sterne,
Meer und Eis,
alles um mich
blau und weiß.
Ach, was könnte schöner sein!

Bloß, da steh ich
armer Pinsel
fern der Welt
auf meiner Insel,
blase Trübsal, bin allein.

Wäre meine
kalte Scholle
doch ein Schiffchen,
eine Jolle,
käm dazu ein starker Wind,

glitt ich schnell
durch weite Meere,
bis ich wieder
bei euch wäre,
Pingufrau und Pingukind.

Warme Arme

Oh wie kissenkuschelig,
urgemütlich wuschelig,
rechts und links ganz warme
Mama-Papa-Arme.

Toll, wenn wir so kuscheln
kichern, schmusen, tuscheln,
Streiche spinnen, Quatsch ersinnen,
witzeln, kitzeln, singen, lachen,
Unsinn machen!

Was der Papa eben macht?
Schmeißt mit Kissen.
Kissenschlacht!
Mama kichert: Schuft, gemeiner!
Stimmt, mein Papa ist so einer.

Schnuffeltuch

An den Zipfeln nuckel ich.
Papa sagt, es muffelt.
Stimmt nicht, es riecht schnuckelig
und schön weich geschnuffelt.

Da stecken lauter Träume drin,
die kann ich heimlich naschen.
Ich streichle damit gern mein Kinn.
Und keiner darf es waschen!

Keine Angst

Uh, ein Blitz hat grell gezuckt!
Niemand da, der nach mir guckt?
Donner rumpelt nicht weit weg,
großer Schreck!

Ganz allein geh ich im Regen,
nicht ein Hund kommt mir entgegen.
Drüben ist ein Hauseingang,
Gott sei Dank.

Ich zähl Blitze. Sieben … acht.
Dauert lange, bis es kracht.
Draußen hüpfen Zwergenmützen
auf den Pfützen.

So, ich hab genug gezittert.
Gleich hat sich's ja ausgewittert.
Meine Angst war gar nicht groß.
Ich lauf los!

Kroko beim Zahnarzt

Kroko sitzt beim Zahnarzt.
Der guckt in sein Maul.
Ist von Krokos Beißern
etwa einer faul?
 Na, faul
 ist da keiner,
 da wackelt
 bloß einer.

Kroko muss gleich weinen,
friert und bebt und zittert.
Zieht der Zahnarzt einen?
Aber wenn der splittert?
 Dann bohrt der
 ein Loch,
 das weiß
 Kroko doch!

Der Zahnarzt nimmt den Finger
und tippt sie einzeln an.
Ganz fest, die spitzen Dinger.
Nun kommt der Eckzahn dran.
 Der Eckzahn
 ist lose,
 gleich geht's
 in die Hose …

Der Zahnarzt tippt mit Tücke.
Rackskracks, da kommt im Bogen
aus einer neuen Lücke
der Eckzahn angeflogen!
So, fertig,
mein Sohn.
Das war's
wirklich schon?

Die Mutigste von allen

Ich trau mich tausend Sachen,
die andre niemals machen.
Als Mutigste von allen
lass ich mir nichts gefallen!

Liegt unterm Bett 'ne Schlange,
guck ich nicht lange bange,
spiel ein paar Flötentöne,
dann tanzt sie brav, die Schöne.

Vampire in den Ecken
muss man bloß doll erschrecken.
Dann hau'n die ab und rennen
und fangen an zu flennen.

Ich bring den schlimmsten Drachen
mit einem Witz zum Lachen.
Und draußen vor dem Fenster
bespuck ich die Gespenster.

Bedrohen mich mal Geister,
kleb ich sie fest mit Kleister.
Dann flattern ihre Beine
wie Wäsche auf der Leine.

Seh ich die matten Schatten
von Spinnen, Mäusen, Ratten,
grüß ich ganz nett: Halli-hallo,
ihr Lieben, na wie geht's denn so?

Nicht ärgern

Wenn dein Lehrer Zicken macht,
über dich ein Blödmann lacht,
mit der Freundin geht was schief,
und dich kränkt ein Lästerbrief –
solltest du nicht um dich beißen
oder faule Eier schmeißen.

Ist dir ärgerlich zumute,
zieh nicht solche Gruftischnute.
Stell sie dir doch einfach vor
schweinchennackig, Ring im Ohr,
Frauenbart und Männerdutt,
und du lachst dich prompt kaputt.

Regenschiffchen

Die Oma schickt mich los,
ihr eine Zeitung kaufen.
Ich glaube leider bloß,
ich muss dabei ersaufen!

Der Regen pladdert,
der Boden schmaddert,
da wo ich steh,
ist schon ein See.

Mein Schirm, die Gummischuh,
ob die mir noch viel nützen?
Egal, ich hops im Nu
plitsch platsch durch alle Pfützen.

Die Zeitung, ach,
wird nass! Ich mach
ein Schiffchen draus.
Das schwimmt nach Haus.

Streit, nein danke!

Manchmal nerven Streit und Zank
stunden-, oft auch tagelang.

Brüllen, Zetern,
Keifen, Ächzen,
Schimpfen, Nörgeln,
Fluchen, Krächzen
macht Gesichter
grün und hässlich.
Keifkonzert klingt
ziemlich grässlich!

Drum versöhnt euch bis Silvester
zum harmonischen Orchester!

Sehnsüchtig

Ich seh die fernste Ferne
ganz nah,
und fast sind Mond und Sterne
schon da.

Nur Hähnchen bleibt verschwunden,
wie's scheint.
Ich habe seit zwei Stunden
geweint.

Was such ich hier auf nasser Bahn
herum?
Hier gibt's nicht mal 'nen Wasserhahn!
Und drum –
kehr ich voll Sehnsucht um.

Liebeskummer

Bin so traurig. Könnte weinen.
Wer mich tröstet? Kenne keinen.
Will am liebsten niemand sehen,
höchstens Bob den Hals umdrehen!

Seit es die Emilia gibt,
glaube ich, ich bin verliebt.
Puh, ich bin total verschossen
in Emilias Sommersprossen!

Das ist nebenan die Neue.
Nützt nichts, dass ich mich so freue,
wenn sie in der Nähe ist.
Die sieht bloß den Bob,
so'n Mist.

Love

Tagträume

Tagträume überraschen,
sie sind ganz plötzlich nah.
Kannst heimlich davon naschen,
sie sind ja dafür da.

Das mit gezählten Schafen
fällt dann natürlich flach,
du brauchst nicht einzuschlafen,
denn Träumen geht auch wach.

Du träumst von Zaubersachen,
und wilden Abenteuern,
vom Flug auf einem Drachen
und sanften Ungeheuern.

Und auch von Heimlichkeiten,
nach denen du dich sehnst,
von märchenhaften Zeiten,
bis du … ermüdet gähnst.

Schusselkopf

Da kann man nichts machen:
Es gibt solche Sachen,
die sind plötzlich weg
vom üblichen Fleck.

Stifte, Zettel, Uhren,
futsch ganz ohne Spuren,
geben keinen Laut
und dir schwant: geklaut.

Kannste noch so suchen,
glotzen, motzen, fluchen,
dir die Haare raufen,
willst schon neue kaufen - -

da grinsen sie frech
und sind gar nicht wech!
Sie liegen im Zimmer
genau da wo immer.

Neidhammel

Gib das her,
du hast mehr!

Deins ist toller,
meins viel oller!

Ich krieg's nie,
warum die?

Kannst mir ruhig
auch was geben.

Ich und neidisch?
Nie im Leben.

Der Angeber

Ich steck den Hugo, diese Flasche,
mitsamt den Ohren in die Tasche!
Ich springe vom Zehnmeterturm!
Ich schluck den längsten Regenwurm!
Ich schaff zwölf Stunden Dauerlauf!
Ich hau dem Wildschwein eine drauf!
Ich schlaf auf einem Nagelbrett!
Ich nehme Spinnen mit ins Bett!
Ich ess die Wurst mitsamt dem Teller!
Ich trau mich in den Rattenkeller!
Ich werd dem Räuber eine knallen!
Ich bin der tollste Typ von allen !

1
2
3

Frechdachs Max

Max ist einer von den Dachsen,
die nicht können ohne Faxen.

Er kickt die Kartoffeln
mit Vaters Pantoffeln,
versteckt Omas Pillen,
ihr Buch, ihre Brillen,
klaut seinen Kusinen
die Kuchenrosinen
matscht um sich und kleckert,
auch wenn Mutti meckert
und lacht noch ganz frech!

Doch da hat er Pech:
Sein Dachs-Abendessen
hat Mutti vergessen.

Trotzig, motzig

Immer soll ich doofe Sachen,
unbedingt für Papa machen!
Beispiel: In den schönsten Träumen
Monsterburg zusammenräumen!

Keine Lust,
sag ich ihm trotzig.
Papa motzt:
Sei nicht so motzig!

Immer soll ich doofe Sachen
unbedingt für Mama machen!
Mädchen, übe gleich mal Cello,
und dann gehst du raus mit Bello!

Keine Lust,
sag ich ihr trotzig.
Mama motzt:
Sei nicht so motzig!

Mach jetzt das und mach jetzt dies –
Spaßverderber sind so fies!

Wir sind arm

Wir zu Hause sind zwar arm,
doch sehr erfinderisch.
Papa baut grad einsdreifix
aus Kisten einen Tisch.

Petz, der fährt ein Mountainbike
von 26 Zoll.
21 Gänge dran!
Das rast ganz supertoll.

Pim besitzt ein Smartphone,
Pixel 7 in Rot,
leistungsstark, das aktuellste
Luxusangebot.

Was die andern haben,
hab ich selber nicht,
bloß ein altes Handy,
Fahrrad ohne Licht.

Leute, meine Karre
ist total begehrt!
Petz und Pim, die streiten,
wer zuerst drauf fährt.

Petz leiht mir sein Mountainbike,
der bildet sich nichts ein.
Eins steht fest, wir werden immer
beste Freunde sein.

Heimlichkeiten

Du und ich und ich und du,
wir wissen was, das keiner weiß.
Wir flüstern es uns manchmal zu,
nur heimlich, leise, leise, leis.
Dann kichern wir und nicken doll.
Wer glaubt, er riecht den Braten?
Geheimnis hüten geht ganz toll.
Wir werden nichts verraten.

tuschel
tuschel
flüster
flüster
tuschel

Themen der Gefühlswelt:

Unter dem 2010 gegründeten Label Edition Gegenwind erscheinen seit 2010 vor allem Neuausgaben
früher veröffentlichter Buchtitel sowie Originalausgaben anerkannter Autorinnen, Autoren,
Illustratorinnen und Illustratoren. Ihre Herstellung erfolgt über Self-Publishing-Plattformen wie
Tredition, Books on Demand (Bod), epubli und neobooks. Bislang sind in der Edition Gegenwind 76
Titel erschienen.

<u>Beispiele aus der aktuellen Reihe Kinder- und Jugendbuch 2024</u>

Gabriele Beyerlein
Lara und das Geheimnis der Mühle. Ab 6. J., Illus: SusanneSmajic. 2011
Bea am anderen Ende der Welt. Ab 8 J., Illus: Iris Hardt. 2012
Ilo und die Keltenfürsten. Ab 8 J., Illus: Tilman Michalski. 2012

Thomas Fuchs
Drei Freunde und der schwarze Hund. Ab 8 J., Illus: Imke Sönnichsen. 2014
Neles Block. Ab 5 J., Illustrationen zum Weitermalen. 2014

Ursula Flacke
Die Nacht des römischen Adlers. Ab 11 J., Jugendroman. 2017
Der goldene Palast – Geschichten vom kleinen und großen Glück. 2018

Sylvia Schopf
Peppi Pepperoni. Ab 6 J., Illus: Susanne Schwandt. 2015
MALINCHE: Prinzessin der Azteken. Ab 10 J. Illus.: Marta Hofmann-Ptak. 2015

Manfred Schlüter: (inkl. Illus. des Autors)
24 Weihnachtmänner. Ab 5 J., 2017
SimsalaSurium. Ab 5 J., 2014
SINA und das Kaff am anderen Ende der Welt. Ab 12 J., 2013

Pete Smith
Mein Freund Jeremias. Ab 8 J., Illus: Hans-Jürgen Fellhaus. 2015
Tausche Giraffe gegen Freund. Ab 8 J., Illus: RoooBert Bayer. 2015
Das Geheimnis von Schloss Gramsee. Ab 10 J., 2015

Christa Zeuch
Der Frosch hat eien Frosch im Hals. Ab 6 J., Illus: Gabriele Elsler. 2013
Der Frosch hat einen Frosch im Hals, CD, Musik von Fabian Zeuch 2013
Moonskaters Taum vom Fliegen, Jugendroman. Ab 12 J., 2013
Prinz Memo. Fantasyroman. Ab 9 J., Illus: Ch Zeuch. 2013
Mein Zauberschloss hat viele Türen. Ab 6 J., Illus: Ch. Zeuch. 2014
Affenkopp liebt Zottelbär. Ab 6 J., Illus: Ch. Zeuch. 2015
Wawar und der Feuervogel. Ab 8 J., Illus.: Gabriele Elsler 2015
Die Augen der Kukurill. Ab 8 J., Illus: Ch Zeuch. 2015
Mein Sommer mit Oma und Finn. Ab 11 J., Illus: Ch Zeuch. 2016

Bücherwurm trifft Leseratte. Ab 5 J.
> Textbeiträge: Beyerlein, Fuchs, Karger, Schlüter, Zeuch.
> Illus.: Manfred Schlüter. 2013

Bücherwurm trifft Leseratte 2. Ab 5 J.
> Textbeiträge: Beyerlein, Chidolue, Flacke, Fuchs, Karger, Schlüter,
> Schopf, Smith, Zeuch. Illus: Manfred Schlüter. 2016

**Das umfangreiche Gesamtprogramm der aktuellen Reihen Belletristik,
Kinder- und Jugendbuch, Sachbuch, Anthologien finden Sie unter
www.editon-gegenwind.de**

Autorinnen und Autoren der Edition Gegenwind sind: Gabriele Beyerlein,
Dagmar Chidolue, Ursula Flacke, Thomas Fuchs, Ulrich Karger, Sylvia Schopf,
Manfred Schlüter, Pete Smith, Ella Theiss, Christa Zeuch

Quellennachweis, Seite:
Folgende Gedichte sind Ch. Zeuchs 2014 in der EG erschienenem Gedichtband
„Mein Zauberschloss hat viele Türen" entnommen: Du bist ich und ich bin du 8 /
Schnuffeltuch 28 / Kroko beim Zahnarzt 32 / Nicht ärgern 36 / Streit 40 /
Neidhammel 50 / Angeber 52 / Heimlichkeiten 60